HOMELIE XIII.

POUR

LE DIMANCHE

DE LA

QUINQUAGESIME,

SUR LA VOYE LARGE

ET

LA VOYE ÉTROITE.

Par M. le Curé de S. Sulpice.

A PARIS,

Chez RAYMOND MAZIERES, ruë S. Jacques, prés la ruë du Plâtre, à la Providence.

M. DCCVII.

AVEC APPROBATION ET PRIVILEGE DU ROY.

TEXTE DU SAINT EVANGILE SELON SAINT MATHIEU.

ENTREZ par la porte étroite, parce que la porte est large, & la voye spacieuse, qui conduit à la perdition, & que plusieurs entrent par cette voye large : que la porte est étroite, & que le chemin est serré, qui conduit à la vie, & qu'il y en a peu qui le trouvent ! *En S. Math. chap.* 7. *vers.* 13.

Intrate per angustam portam, quia lata porta, & spatiosa via est, quæ ducit ad perditionem,

& multi sunt qui intrant per eam. Quàm angusta porta, & arcta via est, quæ ducit ad vitam, & pauci sunt qui inveniunt eam! Math. 7. 13.

Aprés l'explication de l'Evangile de ce Dimanche, que l'on a donné fort exactement à l'ordinaire, on a crû ne pouvoir placer plus à propos le Sujet qu'on traite aujourd'huy sur le Chemin large & le Chemin étroit, qu'en cet endroit: tant à raison du temps où nous sommes, que le monde employe souvent en des dissolutions qui conduisent à la perdition, tandis que l'Eglise porte les Fideles aux pratiques de la Penitence qui conduisent au salut; qu'à raison de ce grand Chemin où l'Aveugle d'aujourd'huy est assis, & par lequel une troupe immense de Peuples passent: Figure de la voye large qui mene à la mort: Sur tout voyant le Sauveur qui prend la route de Jerusalem pour y estre immolé en peu de jours, & tracer par son exemple le modelle du sentier étroit qui conduit à la vie.

HOMELIE TREIZIÉME POUR LE DIMANCHE DE LA QUINQUAGESIME, SUR

SUR LA VOYE LARGE ET LA VOYE ÉTROITE.

COMME la production de l'Univers n'est pas moins l'effet d'une sagesse profonde que d'une puissance absoluë, aussi n'y a-t-il aucune partie de ce grand tout, qui ne soit en elle-même un ouvrage excellent, & qui n'ait rapport à une fin superieure où elle trouve son achevement & sa perfection: *Nihil in terra sine causa fit*, est-il dit dans le Livre de Job. L'homme fait à l'image & ressemblance de son Createur, & le chef-d'œuvre de ses mains adorables, n'a pas esté formé pour une moindre fin, que pour s'unir à celuy qui l'a créé pour luy, & qui l'oblige à chercher son bonheur & son couronnement en luy : *Et nunc hæc dicit Dominus, creans te Jacob, & formans te Israël, meus es tu*, nous dit le Seigneur par la bouche d'Isaye. La premiere instruction, ou plûtost le premier rayon que la Foy répand dans nos ames, est de nous apprendre que le Seigneur ne nous a mis au monde que pour le connoître, l'aimer, & le servir, & par ce moyen acquerir la vie éternelle : Tel est le terme excellent pour lequel nous sommes créez, auquel nous devons tendre, & dans lequel nous devons trouver nostre perfection derniere.

Cependant le peché a jetté de si épaisses tenebres dans l'esprit de l'homme, qu'à peine sçait-il qui l'a mis au monde, ny pourquoy il y est venu, ny quel chemin il doit prendre pour arriver à son bonheur : Toute sa vie sur la terre ne devant estre qu'un pelerinage continuel vers la celeste patrie, il s'arreste dans sa course, & cherche au milieu de la carriere un repos qu'il ne doit trouver qu'à la fin.

Que diriez-vous d'une troupe immense de Peuples qui voyageroient nuit & jour ensemble en diverses sortes d'équipages, sans qu'aucun d'eux fit reflexion au lieu où il iroit, ny se demandast à luy-mesme : D'où viens-je, & où vais-je? Qui pourroit voir sans indignation, ou sans compassion, un nombre infiny de gens s'embarquer en differens vaisseaux, & voguer à pleines voiles en haute mer, sans que personne d'eux s'informast de la route qu'il tient, ny du port où il prétend aborder? Mais le comble de l'aveuglement seroit, si sans cesse on leur prêchoit que leur course se terminera indubitablement à un bonheur ou à un malheur éternel, suivant la voye differente qu'ils prendront, & qu'on fit perpetuellement retentir à leurs oreilles cette formidable imprecation : Si quelqu'un ne cherche pas le Seigneur, qu'il soit exterminé depuis le plus petit jusqu'au plus grand, depuis l'homme jusqu'à la femme, qu'il perisse : *Si quis non quæsierit Dominum Deum Israël, moriatur, à minimo usque ad maximum, à viro usque ad mulierem :* Et cependant qu'ils ne voulussent y faire aucune attention, que pourroit-on penser d'une telle stupidité? Voicy ce que dit le Seigneur, ajoûte un Prophete, *hæc dicit Dominus :* Mais il parle en vain, car personne ne l'écoûte : Arrestez-vous un peu sur le chemin que vous suivez, leur dit-il, & voyez qu'il conduit à la perdition; *state super vias vestras, & videte :* & informez-vous du sentier étroit que suivoient vos Peres, de ce chemin qui conduit à la vie, & adressez-y vos pas, *interrogate de semitis antiquis, quæ sit via bona, & ambulate in ea.*

C'est ce qui nous donne occasion, mes tres-chers Freres, de vous entretenir aujourd'huy de ces deux celebres & differens Chemins, dont l'un conduit à la vie, & l'autre à la mort, & desquels il est parlé dans l'Evangile plus d'une fois.

PREMIERE CONSIDERATION.

Qu'il n'y a que deux Voyes ; l'une qui conduit à la vie, & l'autre qui conduit à la mort.

Pour traiter bien ce Sujet, il faut d'abord ſuppoſer comme une verité conſtante, qu'il n'y a que deux Voyes par leſquelles les hommes marchent en cette vie ; *la Voye large* que ſuivent les pecheurs, & qui conduit à la mort ; *la Voye étroite* que ſuivent les Juſtes, & qui conduit à la vie : Les differentes mœurs de ces deux ſortes de perſonnes font ces deux differentes routes ; car ce n'eſt pas icy un Chemin qu'on faſſe par le mouvement des pieds, mais par les mouvemens du cœur, ainſi que s'exprime ſaint Auguſtin : *Non corporis greſſibus, ſed cordis affectibus.* Et la diſtinction de ces deux Peuples nous eſt inſinuée en pluſieurs manieres dans les Livres ſaints.

1°. Au commencement Dieu créa le Ciel & la Terre, liſons-nous dans la Geneſe : Merveilleuſe expreſſion, dit ſaint Chryſoſtome ; pourquoy premierement le Ciel, pourquoy en ſecond lieu la Terre ? Puiſqu'il eſt naturel quand on bâtit une maiſon de poſer d'abord le fondement, & enſuite de mettre le toit : d'où vient donc que la Terre eſtant comme la baze de l'Univers, & le Ciel comme le comble, on commence par dire icy que Dieu créa le Ciel & la Terre, & non pas que Dieu créa la Terre & puis le Ciel ? *Nam Deus præter humanum morem, ſuum perficiens ædificium,*

ædificium, priùs Cœlum extendit, posteà & Terram ſubſternit, priùs culmen, posteà fundamentum : quis tale quid vidit, quis audivit ? C'eſt que dés-lors Dieu voulut figurer les deux ſortes de perſonnes qui devoient partager le monde, & les mettre dans leur ordre naturel : Les Saints & les Pecheurs ; les Hommes celeſtes, & les Hommes terreſtres, ainſi que parle l'Apoſtre ſaint Paul, *Primus homo de terra terrenus, ſecundus homo de cœlo cœleſtis : qualis terrenus, tales & terreni, qualis cœleſtis, tales & cœleſtes.* Les amateurs du Ciel qui ſeroient eux-meſmes des Cieux ; & les amateurs de la Terre qui ſeroient eux-meſmes de la Terre, puiſqu'enfin nous ſommes tels que ce que nous aimons, dit ſaint Auguſtin aprés l'Ecriture, *facti ſunt abominabiles ſicut ea quæ dilexerunt.* Auſſi Jeſus-Chriſt parlant aux Juifs, leur tenoit ce langage : Il eſt impoſſible, leur diſoit-il, que nous convenions enſemble : nos pretentions auſſi bien que nos inclinations ſont toutes differentes : vous eſtes de ce monde, *vos eſtis de hoc mundo*, vous aimez ce monde ; vous ne ſongez qu'aux choſes du monde, vous ne tendez qu'aux établiſſemens, aux richeſſes, & aux dignitez du monde, & moy je ne ſuis pas de ce monde, *ego autem non ſum de hoc mundo :* je n'ay aucun gouſt pour le monde, aucun deſſein, aucune pretention en ce monde ; j'ay un autre monde que celuy-cy, duquel je ſuis, & qui ſeul m'occupe : vous eſtes d'en-bas, *vos de deorſum eſtis*, vous n'avez que des inclinations baſſes, terreſtres, & temporelles, & moy je ſuis d'en-haut ; je n'ay que des penſées du Ciel, que des deſirs de l'éternité : *ego autem de ſupernis ſum.*

2°. Voila les deux especes d'Hommes qui divisent en deux classes le Genre humain, & qui nous sont encore representez par la separation que le Seigneur fit de la lumiere & des tenebres, du jour & de la nuit : *Divisitque lucem à tenebris, appellavitque lucem diem, & tenebras noctem* : de là les enfans de la lumiere, & les enfans de tenebres : car ce qui fut figuré à la naissance des temps s'accomplit tous les jours dans la suite des siecles, dit saint Gregoire : *Creator omnium humanæ culpæ prescius tunc expressit in tempore, quod nunc versatur in mente* : Par ces deux arbres du Paradis terrestre, dont l'un donnoit la vie, & l'autre la mort : Par ces deux premiers nez d'Adam, & d'Eve, dont l'un fut le premier des Réprouvez dans l'ordre des temps, & l'autre le premier des Elus ; celuy-là marchant dans la Voye large ; cultivant la Terre ; bâtissant des Villes ; s'assujettissant les Hommes ; negligeant le Culte divin ; persecutant les Saints : Celuy-cy marchant dans la Voye étroite ; aimant la vie pastorale ; solitaire ; détachée ; religieuse ; continente ; & digne de s'estre attiré le martyre en haine de sa pieté : De ces deux freres si differens en mœurs, sortit, du moins en esprit, une double posterité, qui partagea tout le Genre humain, & qui le partagera jusqu'à la fin du monde, l'un marchant par le Chemin large qui conduit à la mort, l'autre par le Chemin étroit qui conduit à la vie, *hæc initium habet in ipso Abel*, dit saint Augustin, *ista à Caïn* : &, comme ajoûte ce Pere : *Unam luminosa pietate tranquillam, alteram tenebrosis cupiditatibus turbulentam.* Les descendans de Caïn, conformement à l'éthimologie de ce nom, qui veut dire poſſeſſion, s'attacherent à la Terre, & la ſoüillerent de leurs crimes, ils introduiſirent la Poligamie, les Danſes diſſoluës; les Jeux; les Guerres ſanglantes; les Homicides & les Meurtres; l'Idolatrie & la pluralité des Dieux, & eux & leurs filles ſe livrerent à tant d'impudicitez, qu'ils attirerent le déluge univerſel, comme ils attireront un jour les flammes du dernier Jugement: au lieu que les deſcendans de la ſeconde & pieuſe poſterité conſerverent la memoire du Createur; érigerent des Autels au vray Dieu; luy offrirent des Sacrifices; ſe maintinrent dans la vraye Religion; profeſſerent hautement le culte du Seigneur; preſcherent les veritez celeſtes; ſoupirerent aprés la venuë du Liberateur; menerent une vie penitente ſur la terre, & furent l'objet de la perſecution des méchans, comme ils le ſeront juſqu'à la fin du monde. Telle eſt l'origine de ceux qui ſuivent la Voye large, ou la Voye étroite.

3°. Cette importante verité ſe prouve encore par les paroles du Sage: Dieu, dit-il, dés le commencement, a créé l'Homme, & il l'a laiſſé dans la main de ſon conſeil: *reliquit eum in manu conſilii ſui.* Il luy a donné de plus ſes Ordonnances & ſes Preceptes: Si vous voulez, ô Homme, obſerver les Commandemens, & garder toûjours avec fidelité ce qui eſt agreable à Dieu, ils vous conſerveront: Il a mis devant vous le feu & l'eau, vous pouvez choiſir lequel des deux il vous plaira: *appoſuit tibi aquam & ignem, ad quod volueris porrige manum tuam:* La vie & la mort, le bien

& le mal ſont devant l'Homme, & ce qui luy plaira davantage luy ſera donné, *ante hominem vita & mors, bonum & malum, quod placuerit ei, dabitur illi.* C'eſt le different choix que l'homme fait de ces deux choſes ſi contraires, qui diviſe les Saints d'avec les Pecheurs, les Elus d'avec les Reprouvez, & qui forme la Voye large & la Voye étroite : Il n'y a aucun milieu entre ces deux extrêmes.

4°. Il n'y a que deux Citez, Jeruſalem & Babylone; il faut eſtre Citoyen de l'une ou de l'autre de ces deux Villes, dit ſaint Auguſtin, *duo amores duas fecere civitates, Jeruſalem fecit amor Dei, Babylonem fecit amor ſæculi:* Que chacun s'interroge, continuë ce Pere, & il trouvera à laquelle de ces deux Citez il appartient: *Interroget ſe quiſque quid amet, & inveniet unde ſit civis.*

5°. Il n'y a que deux principes des actions humaines : car ou vous agiſſez par les mouvemens de la charité, & pour lors vous ſuivez la Voye étroite : ou vous vous laiſſez aller aux mouvemens de la cupidité, & vous voila dans la Voye large : Or il eſt aiſé de connoiſtre ſi l'on agit par un principe de charité, ou par un principe de cupidité, & dans quelle de ces deux Voyes on ſe trouve : Car voicy les caracteres de l'une & de l'autre, ſelon ſaint Paul : La Charité, dit ce grand Apoſtre, eſt patiente; elle eſt benigne & bienfaiſante; elle n'eſt ny envieuſe, ny imprudente, ny orgueilleuſe, ny ambitieuſe, ny intereſſée, ny colere, ny emportée; elle n'eſt point maligne ny ſoupçonneuſe; elle ne ſe réjoüit point de l'injuſtice; elle tolere tout; elle croit tout; elle eſpere tout; elle ſoufſte tout; la Charité qui n'eſt qu'une union amoureuſe au ſouverain bien, eſt toûjours accompagnée, ſi elle eſt vraye, de joye, de paix, de patience, de bonté, de longanimité, de douceur, de confiance en Dieu, de modeſtie, de continence, de chaſteté : au contraire, les malheureux germes de la convoitiſe, ſelon le meſme Apoſtre, ſont les diſſentions, les chagrins, les diſputes, les coleres, les inimitiez, les meurtres, les jalouſies, les impatiences, les ſectes, les querelles, les infidelitez, le luxe, la débauche, la gourmandiſe, la diſſolution, l'impudicité, & ſemblables crimes que commettent ceux qui marchent dans la Voye large, & leſquels, ajoûte ſaint Paul: Je vous declare, comme je vous l'ay déja declaré, ne devoir jamais poſſeder le Royaume de Dieu : *& his ſimilia quæ prædico vobis, ſicut prædixi, qnoniam qui talia agunt regnum Dei non poſſidebunt.*

6°. Il n'y a que deux troupeaux dont il ſoit fait mention dans l'Ecriture, celuy des brebis ou agneaux, ſymboles de la docilité, de la ſimplicité, de l'obéiſſance, &de l'eſprit de ſacrifice des vrais Fideles: & celuy des boucs, dont la laideur, la puanteur, les inclinations ſenſuelles, & le ſéjour dans les precipices, figurent les Reprouvez qui doivent eſtre mis à la gauche au grand jour du Jugement, ainſi que les brebis à la droite : *& ſeparabit eos ab invicem ſicut paſtor ſegregat oves ab hœdis, & ſtatuet quidem oves à dextris ſuis, hœdos autem à ſiniſtris.*

7°. Il n'y a que deux ſortes de poiſſons qui ſoient pris dans les filets du celeſte Peſcheur, & tirez au bord du rivage, les bons pour estre reservez dans des vases d'honneur & de gloire, *vascula sunt Sanctorum sedes*, dit saint Augustin, *& beatæ vitæ magna secreta*: Les méchans pour estre jettez dehors, qui sont eux-mesmes des vaisseaux de colere & d'ignominie, *vasa iræ, apta in interitum*, & exclus à jamais de la societé des Saints, *malos autem foras miserunt*.

8°. Il n'y a que deux enfans chez le pere de famille; l'Enfant prodigue qui dissipe sa substance en s'abandonnant à ses convoitises, representant ceux que Dieu, en punition de leurs crimes, laisse aller dans le Chemin large de leurs passions dereglées, pour s'exprimer avec le Prophete, *& dimisi eos secundùm desideria cordis eorum, ibunt in adinventionibus suis*: ou, comme parle l'Apostre saint Pierre, *juxtà proprias concupiscentias ambulantes*: & l'Enfant obéissant attaché à tous les commandemens de son pere, *& nunquam mandatum tuum præterivi*; austere & mortifié, jusqu'à s'interdire le moindre festin avec ses amis, *numquam dedisti mihi hœdum, ut cum amicis meis epularer*, image de la vie des Elus qui suivent la Voye étroite.

9°. Il n'y a que deux Livres dont il soit parlé dans l'Ecriture, le Livre de Vie, où sont écrits les noms des Predestinez, *& Liber apertus est qui est Vitæ*, & les Livres où sont écrits les noms des Réprouvez, *deleantur de Libro viventium*, dit le Prophete, *& cum justis non scribantur*, & duquel l'Apostre bien-aimé parle, lors qu'il dit que celuy qui ne se trouvera pas écrit dans le Livre de Vie sera jetté dans un étang de feu, *& Libri aperti sunt, & alius Liber apertus est qui est Vitæ*,

& qui non inventus eſt in Libro Vitæ ſcriptus, miſſus eſt in ſtagnum ignis.

10°. Il n'y a que deux portes & deux chemins, la porte étroite & la porte large, *anguſta porta, & arcta Via, lata porta, & ſpatioſa via*, l'une qui ſe termine à la vie, & l'autre à la mort, l'une au ſalut & l'autre à la perdition.

11°. Il n'y a que deux Arreſts, l'un qui mettra les Saints en poſſeſſion du Royaume éternel : *Venite benedicti, poſſidete regnum quod vobis paratum eſt à conſtitutione mundi:* L'autre qui condamnera les Pecheurs aux flâmes éternelles ; *Ite maledicti in ignem æternum qui paratus eſt diabolo & Angelis ejus.*

12°. Enfin il n'y a que deux termes, le Paradis, & l'enfer ; le Paradis qui eſt la derniere recompenſe de la vertu ; l'enfer qui eſt le dernier chaſtiment du vice, *& ibunt hi in ſupplicium æternum, juſti autem in vitam æternam.*

Ecoûtons là-deſſus le grand ſaint Auguſtin ; on jugera les vivans & les morts, diſoit-il à ſon Peuple, *de vivis & mortuïs judicabitur:* Les Elus ſeront mis à la droite, & les Réprouvez à la gauche, *venturus eſt Dominus, & judicaturus de vivis & mortuis, duas partes facturus eſt, dexteram & ſiniſtram :* Le ſouverain Juge dira à ceux qui ſeront à la gauche, allez, maudits, au feu d'enfer, qui eſt preparé au diable & à ſes Anges : *Siniſtris dicturus, ite in ignem æternum qui paratus eſt diabolo, & Angelis ejus :* Il dira à ceux qui ſeront à la droite, venez, les benis de mon Pere, poſſeder le Royaume qui vous eſt preparé : *Venite benedicti Patris mei, poſſi-*

dete regnum quod vobis paratum est: Il ne reste point aucun troisiéme lieu entre ces deux extrêmes, *nullus relictus est medius locus*, l'Evangile ne fait mention d'aucun autre endroit, *nullum locum medium in Evangelio novimus:* Celuy qui ne sera pas à la droite sera à la gauche: *qui non in dextera procul dubio in sinistra*, & par consequent celuy qui n'est pas dans le chemin qui conduit à la vie, est indubitablement dans celuy qui conduit à la mort.

Que cette alternative est effrayante pour moy, ô mon Dieu, & que j'ay grand sujet de craindre, de n'estre pas dans le sentier qui conduit au bonheur! peux-je me flatter que je suis les vestiges de Jesus-Christ, comme parle l'Apostre; que je porte ma Croix aprés luy? que je marche dans cette Voye étroite, humble, penitente, laborieuse, qu'il a tracée, & comme empourprée de son sang? dans cette voye que les Apôtres ont consacrée par leur détachement, les Martyrs par leurs souffrances, les Confesseurs par leurs travaux, les Solitaires par leur penitence, les Vierges par leur pureté, & tous les Saints sans exception par leurs vertus? Il semble à examiner ma conduite, que j'aye voulu me faire une troisiéme route qui m'exemptât de la severité de la Voye étroite, & qui me preservât des malheurs de la Voye large; qui conciliât Jesus-Christ avec le monde, & les délices de cette vie avec celles de l'autre. Détrompé de cette folle prétention, je suis à present dans le doute à laquelle des deux Voyes j'appartiens; j'ay trouvé le chemin qui conduit sûrement à la vie, & son âpreté me fait peur: *Et placebat via*

via ipse salvator, & ire per ejus angustias pigebat. J'ay trouvé la perle évangelique, & je ne puis me resoudre à vendre tout pour l'acheter : *& inveneram jam bonam margaritam, & venditis omnibus quæ habebam emenda erat, & dubitabam*, disoit saint Augustin. Mais pourquoy tant hesiter à suivre Jesus-Christ ? n'a-t-il pas dit que celuy-là n'est pas digne de luy, qui ne porte pas sa Croix aprés luy, quand mesme pour la porter elle exigeroit des forces spirituelles, semblables aux forces corporelles d'un homme accoûtumé à porter les plus pesans fardeaux, *qui non bajulat crucem suam?* Que les membres n'esperent pas une voye plus commode que la voye par laquelle leur Chef a passé, *non speremus molliorem viam quàm caput nostrum, quâ præcessit, eamus, quà duxit sequamur* : Il est vray que le chemin des Pecheurs offre à ceux qui le suivent, quelques plaisirs passagers, mais il est exposé aux incursions des malins esprits, qui, comme des voleurs inhumains, nous raviront infailliblement la vie : *Alia fortasse via delicias habet, sed latronibus plena est* : Le Sauveur à la verité, a passé par un chemin âpre & difficile, mais il a donné une grace puissante pour le suivre ; mais il a mis la couronne de gloire au bout de la course : *Per dura ambulavit, sed magna promisit* : Le chemin estoit fermé d'épines avant qu'il le frayât, & qu'il se fit de ces épines une couronne : mais à present la voye est applanie : *Septa erat via, sed antequam transiret, transi nunc.*

Que s'il faut chercher ce Chemin étroit pour y entrer, *multi quærent intrare* ; Que sera-ce de moy, Seigneur, qui toûjours ay craint de le trouver, loin de

l'avoir cherché? que s'il faut s'efforcer pour y entrer quand on l'a trouvé, *contendite intrare per angustam portam :* Que sera-ce de moy, qui n'ay jamais rien pris sur moy pour acquerir ce Royaume, qui ne se donne qu'à ceux qui le ravissent? *Regnum Cœlorum vim patitur, & violenti rapiunt illud.*

SECONDE CONSIDERATION.

Que la plusspart des hommes marchent par la Voye large qui conduit à la mort, & tres-peu par la Voye étroite qui conduit à la vie.

Que si cette premiere verité nous imprime de la crainte, sans doute celle qui suit doit achever de nous effrayer, estant certain que la plus grande partie des hommes marchent dans la Voye large, & tres-peu dans la Voye étroite : Pour nous en convaincre, faisons les reflexions suivantes.

1°. Le Fils de Dieu finissant le celebre Sermon de la Montagne, qu'on peut dire estre un abregé merveilleux de la perfection Evangelique, & de toutes les obligations chrestiennes; prévoyant combien peu de gens seroient fidelles à mettre en pratique ces maximes aussi saintes que salutaires, se servit pour la premiere fois de cette expression : Entrez, disoit-il à ses Auditeurs, & en leur personne à tous ses Disciples futurs; entrez par la porte étroite, *intrate per angustam portam*, parce que la porte qui conduit à la perdition est large, & spatieuse, *quia lata porta & spatiosa via est*, *quæ ducit ad perditionem*, & qu'il y en a plusieurs qui suivent ce malheureux chemin, *& multi sunt qui intrant per eam :* Ensuite il s'écrie comme tout surpris: Que la porte est étroite, & que le chemin est serré, qui conduit à la vie, & qu'il y en a peu qui le suivent! *quàm angusta porta & arcta via est quæ ducit ad vitam, & pauci sunt qui inveniunt eam!* O Seigneur, que cette exclamation est puissante pour nous inculquer cette étonnante verité, dit saint Chrysostome! *Non autem absolutè dixit, est angusta, sed cum admiratione: quàm angusta est via!*

2°. Voicy ce qu'il exige de ceux qui prétendent l'avoir pour Maistre, & embrasser sa doctrine: que celuy qui veut estre mon Disciple me suive, *qui mihi ministrat me sequatur:* Qu'est-ce à dire, qu'il me suive? c'est à dire qu'il m'imite; *quid est me sequatur? id est, me imitetur*, dit saint Augustin, qu'il suive mes voyes & non les siennes, *vias ambulet meas, non suas*; qu'il méprise les prosperitez, comme je les ay méprisées; qu'il endure les adversitez, comme je les ay endurées; qu'il pratique les vertus, comme je les ay pratiquées; qu'il presche ma doctrine, comme je l'ay preschée; qu'il espere les biens que j'ay promis; & pour y parvenir qu'il suive la route que j'ay tracée; telle est l'interpretation de saint Prosper: *Quid est autem ambulare sicut ipse ambulavit, nisi contemnere omnia prospera quæ contempsit, non timere adversa quæ pertulit, libenter facere quæ fecit, docere quæ docuit, sperare quæ promisit, & sequi quò ipse præcessit.*

3°. Ce divin Sauveur indigné de ce que saint Pierre

vouloit le détourner de ſuivre le Chemin étroit des ſouffrances, appella autour de luy les Peuples qui l'accompagnoient alors, & ſes Apoſtres avec eux, & dit à tous ſes Diſciples preſens & à venir; car nous eſtions là, *ibi eramus*, dit ſaint Auguſtin: *Tunc Jeſus convocatâ turbâ cum Diſcipulis ſuis, dixit ad omnes:* Si quelqu'un veut venir aprés moy, *Si quis vult poſt me venire*, c'eſt à dire entrer dans la Voye étroite où je marche le premier, qu'il renonce à ſoy-meſme, *abneget ſemetipſum*, qu'il renonce à ſes inclinations & à ſes convoitiſes, qu'il ſacrifie ſes lumieres naturelles, qu'il refrêne ſes appetits dereglez, qu'il mortifie ſes paſſions, qu'il combatte ſon amour propre, qu'il ſe refuſe ce que la nature dépravée luy demande, qu'il s'interdiſe toute volupté défenduë, & qu'il ſanctifie tout plaiſir permis; en un mot, qu'il meure à tout ce qu'on appelle le vieil homme. Or, combien un tel chemin eſt-il étroit? combien eſt-il peu frequenté? Et afin de ne rien avancer de nous-meſmes, écoutons ſaint Gregoire ſur ce ſujet: La porte qui conduit à la vie eſt étroite, dit ce grand Pape, parce qu'elle oblige ceux qui y entrent de ſe reſſerrer dans les bornes de la Juſtice, & qu'elle les empeſche de ſe répandre dans les deſirs vagues du monde, *per lata mundi deſideria:* cette voye qui conduit à la vie, n'eſt donc pas un grand chemin, mais un petit ſentier *non ampla via, ſed ſemita.* C'eſt un ſentier dans lequel on eſt reſtraint par les commandemens, *in qua quiſque ſtudioſè conſtringitur, & coangustatur*; car n'eſt-ce pas un chemin étroit, que de vivre dans le monde, & de ne rien convoiter du monde? *In mundo vivere, & de mundi concupiſcentia nihil habere :* De ne deſirer rien de ce qu'on n'a pas, & de ne s'attacher à rien de ce qu'on a? *aliena non appetere, propria non tenere :* De mépriſer les loüanges, & d'aimer les opprobres? *Laudes deſpicere & opprobria amare :* De fuir la gloire, & de chercher le mépris? *Gloriam fugere, deſpectum ſequi :* De faire peu de cas de ceux qui nous flattent, & d'honorer ceux qui ne ſont pas cas de nous? *Adulantes deſpicere, deſpicientes honorare :* De pardonner ſincerement les injures, & de conſerver inviolablement la charité? Telle eſt la Voye étroite qui nous reſſerre en ce monde, & qui nous conduit à la vie éternelle en l'autre : *Semitę in preſenti vita anguſtę.* Or, par cette regle, combien peu ſuivent ce chemin? En effet, comme ce grand Docteur ajoûte ailleurs, expliquant ce paſſage de Job, que les Saints ne ſont pas connus dans les places publiques, *non ſunt cogniti in plateis :* Que ſignifient ces places publiques qui ſont toûjours grandes & ſpatieuſes, ſinon le Chemin large de ceux qui ſuivent leurs propres volontez, & qui ſe laiſſent aller ſans reſiſtance au gré de leurs convoitiſes : *Quid latius quàm nullis propriis voluptatibus reluctare, & quaqua verſum impulſus arbitrii duxerit ſe, ſine retractione diffundere?* Combien la voye de ce divin Sauveur eſtoit-elle differente de celle-là, puiſqu'on n'entendit jamais ſa voix dans les places publiques, *non audietur vox ejus in plateis*, puiſqu'il ne chercha jamais à faire ſa volonté, quelque ſainte qu'elle fût, mais la volonté de celuy qui l'avoit envoyé, *non quæro voluntatem meam, ſed ejus qui miſit me*, puiſqu'il n'enviſagea jamais en rien ſa propre gloire, mais uniquement celle de ſon Pere, *non quæro gloriam meam ?* Saint Paul, ſon Diſciple fidele, qui le ſuivoit pas à pas dans cette Voye étroite, & qui étudioit tous ſes ſentimens pour s'y conformer, & nous en inſtruire, n'aſſure-t-il pas que Jeſus-Chriſt ne s'eſt pas complu en luy-meſme, *Chriſtus non ſibi placuit ?* & que loin de s'applaudir à luy-meſme, ou de s'épargner & de vouloir adoucir l'âpreté de cette voye dure qu'il ſuivoit, il ſe livra pour les hommes ſans ménagement de ſa part; & s'eſtant chargé de leurs pechez, il voulut bien ſubir la peine qui leur eſtoit dûë dans toute ſa rigueur, & prendre ſur luy les injures & les opprobres que les pecheurs vouloient faire réjaillir ſur ſon Pere: *Sed ſicut ſcriptum eſt, improperia improperantium tibi ceciderunt ſuper me.* La haute Theologie, les beaux ſentimens, les grands engagemens d'imitation, puiſque l'Apoſtre ajoûte que toutes ces choſes ont eſté écrites pour noſtre inſtruction, *ad noſtram doctrinam ſcripta ſunt !* Si quelqu'un veut donc aller dans cette Voye étroite aprés Jeſus-Chriſt, *ſi quis vult poſt me venire, abneget ſemetipſum,* qu'il renonce à ſoy-meſme, à ce fonds d'amour propre, de complaiſance, & de recherche de luy-meſme; à cette convoitiſe qui le porte ſans ceſſe vers les objets qui le flattent; à cet orgueil ſecret qui luy fait tout rapporter à luy-meſme: mais ce n'eſt pas encore aſſez, il faut de plus, qu'il crucifie ſa chair, *tollat crucem ſuam*, qu'il ſouffre patiemment, non ſeulement avec ſoumiſſion, mais avec joye, les adverſitez, les diſgraces, & les chagrins de cette vie, la pauvreté, l'affliction, les maladies, &

qu'il se supporte luy-mesme; c'est à dire les ennuis & les dégoûts interieurs qui se rencontrent dans le chemin de la vertu: Car celuy qui ne porte pas ainsi sa croix, & qui ne suit pas Jesus-Christ, n'est pas digne de luy, *qui non accipit crucem suam, & sequitur me, non est me dignus:* Jesus-Christ, dit S. Gregoire, appelle icy la Croix une mort, parce que la Croix estoit l'instrument des supplices, pour nous faire comprendre que porter sa Croix, & estre mort au monde, est une mesme chose: *Crucem vocat Christus mortem ad ea quæ mundi sunt, quia mortis instrumentum crux erat.* Que si c'est-là le chemin étroit qu'on doive suivre, comme il est hors de doute, ne faut-il pas avoüer que le nombre de ceux qui le suivent est tres-petit, *quàm angusta porta, & arcta via est quæ ducit ad vitam, & pauci sunt qui inveniunt eam!* Et qu'au contraire, le nombre de ceux qui marchent dans la Voye large est comme infiny, pour s'exprimer avec l'Ecriture, *quia lata porta & spatiosa via est quæ ducit ad perditionem, & multi sunt qui intrant per eam.*

4°. Cette verité si terrible nous est insinuée dans l'Ecriture, par diverses figures, qui sont des especes de preuves convaincantes pour ceux qui sont accoûtumez à la Theologie des Livres saints: En effet, les Peres observent à ce sujet, qu'il n'y eut que huit personnes préservées du déluge universel; ce que l'Apostre saint Pierre applique au peu de baptisez qui se sauvent, quoyque leurs pechez ayent esté submergez dans les eaux du Baptême: *In qua pauci, id est octo animæ salvæ factæ sunt per aquam, quod & vos similis formæ salvos facit baptisma.* C'est dans ce sens que saint Augustin assure que les Chrestiens qui ne renoncent au siecle qu'en paroles seulement, & non par leurs œuvres, ne doivent pas esperer de s'échaper de ce déluge spirituel, & d'estre reçûs dans l'Arche de l'Eglise, *omnes in unitate Catholica baptisatos qui sæculo solis verbis, non factis, renuntiant in quibus non est bonæ conscientiæ interrogatio non pertinere ad hujus Arcæ mysterium.* Et Origene pour prouver le peu de personnes qui s'élevent au Ciel en comparaison de celles qui tendent vers la Terre, fait attention, que cette Arche mysterieuse n'avoit qu'une coudée par en haut, ou du costé du Ciel, & que par en bas ou du costé de la Terre elle en avoit cent en long, & cinquante en large.

De tous les Habitans de ces cinq Villes malheureuses qui furent brûlées par les flâmes vangeresses du Ciel, il n'y eut que quatre personnes qui s'échaperent d'un si horrible incendie.

De tant de milliers d'Israëlites qui sortirent de l'Egypte, deux hommes seulement entrerent dans la Terre promise. Reflexion qui faisoit autrefois trembler saint Augustin, & qui le portoit à exciter puissamment ses Auditeurs de travailler à leur salut, & de contrebalancer l'idée qu'ils avoient de la misericorde de Dieu par l'idée qu'ils devoient avoir de sa Justice: *non transitoriè*, leur disoit-il, *non negligenter, sed cum ingenti tremore considerandum est, quia de sexcentis millibus, duo tantùm terram promissionis ingressi sunt· hoc ergo audiant qui ita Dominum misericordem esse volunt, ut justum esse non credant.*

De

De tout le Peuple qui habitoit la Ville de Jerico, une femme mettant à ſa feneſtre un ſignal du ſang precieux de Jeſus-Chriſt qui devoit ſauver le monde, évita ſeule le carnage univerſel de ſes Concitoyens, *vexilla dominicæ paſſionis attollens coccum in feneſtra ligavit, ut ſpecies cruoris myſtici, quæ foret mundum redemptura, vernaret*, dit ſaint Ambroiſe.

De la nombreuſe armée de Gedeon, trois cens ſeulement furent choiſis pour remporter la victoire; tous les autres qui fléchirent les genoux par foibleſſe furent rejettez, *qui curvaverunt genua ut biberent:* Telle eſt la remarque d'Origene, appliquant cette figure au peu de Chreſtiens qui ne ſe courbent pas vers les eaux bourbeuſes du ſiecle corrompu: *Ille electus eſt qui poſtquam ad aquam Baptiſmi ventum eſt, flecti ad terrenas neceſſitates neſcit, qui vitiis non indulget, neque ob peccati ſitim ſternitur pronus.*

Saint Jean dans ſon Apocalypſe, vid une multitude de Livres qui contenoient les noms des Réprouvez, & un ſeul qui ſuffiſoit pour écrire celuy des Prédeſtinez: *Et libri aperti ſunt, & alius liber qui eſt vitæ:* Pourquoy donc s'étonner ſi les Prédeſtinez ſont comparez à un petit troupeau, *puſillus grex*, à un petit faiſſeau de myrrhe, *faſciculus myrrhæ*, à un petit faiſſeau de vivans, *faſciculus viventium*, à un athlete vigilant, qui ſeul emporte le prix par deſſus la multitude de ceux qui courent nonchalamment: *omnes currunt, & unus accipit bravium:* au peu de froment qui entre dans les greniers du pere de famille, en comparaiſon des monceaux immenſes de paille jettez au feu, *vide contra pauca grana*

Zzz

electorum quantam paleam, reproborum leves, dit ſaint Auguſtin : D'ailleurs, comment recevoir la Couronne promiſe, ſi vous avez la teſte toute boufie d'orgueil? *Ne ſit caput turgidum ut coronam recipiat.* Comment entrer par la porte étroite, ſi vous avez les épaules chargées du fardeau des biens temporels? *Non enim ſinit intrare moles, non magna, ſed tumida :* Vous eſtes tout gros d'avarice, tout enflé d'ambition, & vous voulez paſſer par ce chemin étroit? *Tumuerat homo ſuperbiâ*, dit ſaint Auguſtin, *& ipſo tumore per anguſtam intrare non poterat: clamat ille qui factus eſt via, intrate per anguſtam portam, conatur ingredi, impedit tumor, tumidum enim vexat anguſtia.* Il eſt impoſſible que vous le puiſſiez ainſi : *Ergo detumeſcat, ut intret*, continuë cet humble Saint : Enfin, dit ſaint Ambroiſe, comment pouvoir vous renfermer dans une Voye étroite, eſtant dans l'yvreſſe ſpirituelle qui vous jette, tantoſt d'un coſté, tantoſt de l'autre, ſuivant les diverſes fumées qui vous agitent. & qui demandent une Voye large, *ideo lata, ut poſſit capere fluctuantes.* Saint Gregoire expliquant ces paroles du Livre de Job : Que Satan veille au milieu d'un amas de morts : *In congerie mortuorum vigilabit*, dit que cet amas de morts, n'eſt autre choſe que la nombreuſe multitude des Pecheurs qui ne vivent pas au Seigneur, à qui le demon ſert de guide dans la Voye large du monde, & en comparaiſon deſquels le peu de vrays Juſtes qui marchent dans la Voye étroite ne ſont preſque pas remarquables : *Pro eo autem quod in mundo raritas bonorum eſt, & multitudo malorum : rectè mortuorum congeries nominatur : ut ipſa multitudo iniquorum ſignetur; lata enim* *via eſt, &c.* Auſſi ce ſçavant Maiſtre en la vie ſpirituelle ajoûte, que le Solitaire s'éloigne avec ſoin des Villes les plus peuplées, *contemnit multitudinem civitatis;* c'eſt à dire, qu'il évite la foule malheureuſe des hommes terreſtres qui peuplent le monde, *qui præ abundantia iniquitatis multi ſunt*, pour ſe joindre à cette petite portion de Juſtes qui s'efforcent d'éviter les mauvais exemples de ceux qui marchent dans la Voye large qui conduit à la perdition, & de ſuivre la Voye étroite qui conduit à la vie : *Cum paucis namque ingredi anguſtam portam deſiderant, & non cum multis lata itinera ingredi, quæ ad interitum ducunt.*

5°. Mais à quoy bon tant de raiſonnemens & d'autoritez pour prouver qu'il y a peu de perſonnes qui marchent par la Voye étroite ? Ce que nous voyons tous les jours ne ſuffit-il pas pour nous en convaincre ? Où ſont ceux qui s'efforcent d'entrer dans cette Voye étroite, ainſi que le Sauveur interrogé s'il y en avoit beaucoup qui ſe ſauvaſſent, répondit : *Domine, ſi pauci ſunt qui ſalvantur? ille autem reſpondit: contendite intrare per anguſtam portam ?* Où ſont ceux qui ſe font violence pour gagner le Royaume des Cieux ? qui crucifient leur chair avec leurs vices & leurs convoitiſes ? *Qui Chriſti ſunt carnem ſuam crucifixerunt cum vitiis & concupiſcentiis.* Qui vivent dans l'eſprit de penitence, & de mortification ? qui ne ſoupirent point aprés les richeſſes, les plaiſirs, & les honneurs ? qui rempliſſent par religion les devoirs de leur eſtat ? qui pratiquent les bonnes œuvres, le Jeûne, l'Aumône, la Priere ? qui ſoient remplis de charité envers Dieu, & envers le prochain? qui pardonnent les injures? qui souffrent patiemment les adversitez, & qui ne se laissent point corrompre aux prosperitez? & s'il n'y a que les personnes de ce caractere qui marchent dans la Voye étroite, combien le nombre en est-il petit? combien cette route est-elle peu frequentée? au contraire, combien le chemin qui conduit à la perdition est il large, applani, frequenté? combien est grande la multitude de ceux qui vivent en peché mortel, & qui ne sont pas dans la grace de Dieu? Combien le nombre des avares, des usuriers, des orgueilleux, des ambitieux, des voluptueux, des impudiques, des sensuels, des gourmands, & des yvrognes, des athées, des impies, des incredules, des sacrileges, des heretiques, des vindicatifs, des blasphemateurs, des homicides, des fornicateurs, des adulteres, des ravisseurs, & détenteurs du bien d'autruy, est-il grand? de ceux qui ont mis Dieu en oubly, & ses saintes Loix? qui sont dans des habitudes inveterées du peché, dans des occasions prochaines d'offenser Dieu, dans l'ignorance des choses du salut? qui vivent sans crainte de la damnation, sans desir de la gloire éternelle, sans garder les Commandemens de Dieu & de l'Eglise? qui ne veulent entendre parler, ny de consultations, ny de déliberations, ny d'examens de conscience, quand il s'agit de leur interest? qui conservent des haines, & des rancunes dans le cœur? qui ne frequentent jamais, ou qui prophanent toûjours les Sacremens, & dont un plus grand dénombrement seroit odieux? il suffit de dire que, selon l'Apostre, ceux qui ſont de ſemblables choſes ne poſſederont jamais le Royaume de Dieu s'ils ne ſe convertiſſent, & ne font penitence, *quoniam qui talia agunt regnum Dei non poſſidebunt.* Le Prophete nous décrit ce malheur par une admirable expreſſion, il nous dit que le Seigneur a regardé du haut du Ciel ſur les enfans des hommes, afin de voir s'il en trouveroit quelqu'un qui eût de la foy, & qui cherchât Dieu, *Dominus de Cœlo proſpexit ſuper filios hominum, ut videret ſi eſt intelligens aut requirens Deum,* & qu'il a trouvé que tous ſont écartez du droit chemin, qu'ils ſont devenus inutils ſur la terre, & qu'il n'y en a aucun qui marche dans les voyes de la Juſtice, *omnes declinaverunt, ſimul inutiles facti ſunt, non eſt qui faciat bonum, non eſt uſque ad unum:* que depuis le moindre juſqu'au plus grand, tous ſont corrompus par l'avarice, & l'amour de l'argent, *à minimo uſque ad maximum omnes avaritiam ſequuntur*, que depuis le Prophete juſques au Preſtre, depuis la perſonne conſacrée au Seigneur, juſques au Pontife, tous aiment la tromperie & le menſonge, *à Propheta uſque ad Sacerdotem cuncti faciunt mendacium?* Que tous aiment les preſens & courent aprés la retribution, *omnes diligunt munera, ſequuntur retributiones:* En effet, où trouver ún Preſtre qui ne s'occupe que du ſalut des ames, un Magiſtrat qui ne s'applique qu'à rendre la juſtice, un Pere & une Mere de famille qui ne ſongent qu'à élever leurs enfans dans la crainte de Dieu, un Marchand qui ne ſoit pas trompeur, un Homme de Guerre qui ne ſoit pas violent, un Riche qui ne ſoit pas ſuperbe, un Seigneur qui ne ſoit pas veſtu de fin lin & de pourpre, qui ne faſſe pas tous les jours grande chere, & qui ne ſoit pas dur envers les Pauvres? une femme qui ſoit humble & chaſte, un Paſteur qui donne ſa vie pour ſon troupeau? Toutes ces vûës affligeantes ont jetté les Prophetes dans un tel découragement, qu'ils vouloient abandonner leurs Peuples, & ſe retirer dans les Deſerts, plûtoſt que d'eſtre témoins de leurs impietez? Qui donnera des larmes intariſſables à mes yeux, s'écrioit Jeremie, *quis dabit capiti meo aquam, & oculis meis fontem lachrymarum*, afin que je pleure nuit & jour ſur ce nombre infiny de Pecheurs qui tranſgreſſent impunément, & ſans ceſſe, la Loy du Seigneur, qui deviennent la proye du peché, & qui le ſeront de la Juſtice divine, *& plorabo die ac nocte interfectos filiæ populi mei.* Qui me donnera une grotte dans quelque ſolitude écartée, afin que je puiſſe m'y retirer, me ſeparer de ce Peuple infidelle, & l'abandonner? *Quis dabit me in ſolitudine diverſorium viatorum, & derelinquam populum meum.* Je ne puis plus le ſouffrir; il faut que je m'en aille, & que je les délaiſſe, *& recedam ab eis*, parce que je ne voy par tout que des adulteres, *quia omnes adulteri ſunt;* ce ne ſont plus quelques Particuliers qui ſont méchans, ce ſont des troupes entieres de prévaricateurs qui marchent en foule dans la voye de l'iniquité, *cœtus prævaricatorum;* c'eſt pourquoy l'enfer, comme un large puits, a ouvert ſa bouche à l'infiny, tant la multitude de ceux qui tombent dans cet abîme effroyable eſt immenſe, *propterea dilatavit infernus animam ſuam, & aperuit os ſuum abſque ullo termino.* Ce fut dans ces tranſports de ce zele ardent, qu'Elie, cet admirable Prophete, abandonna le Peuple d'Israël, & s'enfuit dans le Desert, où assis de fatigue, à l'ombre d'un arbre, & affligé à l'excés, de voir l'estat déplorable de cette malheureuse nation, il demanda à Dieu qu'il l'ostât de ce monde : *cumque venisset & sederet subter unam juniperum, petivit animæ suæ ut moreretur :* Seigneur, disoit-il dans sa douleur, c'est assez, retirez mon ame à vous : *Tolle animam meam*, le zele que j'ay pour vous, ô Dieu des Armées, me consume, & ne me permet pas de vivre davantage : Je ne puis plus souffrir les prévarications des Enfans d'Israël, ces méchans ont abandonné vostre Loy ; ils ont détruit vos Autels ; ils ont tué vos Prophetes, & je suis demeuré seul : cependant ils cherchent encore à me faire mourir : *quia dereliquerunt pactum tuum filii Israël, Altaria tua destruxerunt, Prophetas tuos occiderunt gladio, derelictus sum ego solus, & quærunt animam meam ut auferant eam.* Mais encouragez-vous, ô grand Prophete, retournez à vostre troupeau, & écoûtez ces paroles du Dieu de consolation : Je me suis reservé sept mille hommes dans Israël, dit le Seigneur, qui n'ont pas fléchy le genou devant l'Idole : *Vade & revertere, derelinquam mihi in Israël septem millia virorum, quorum genua non sunt incurvata ante Baal.* Mais qu'est-ce que sept mille hommes en comparaison du Peuple de tout un Royaume ?

TROISIE'ME CONSIDERATION.

Que beaucoup de perſonnes croyent eſtre dans la Voye qui conduit au ſalut, qui cependant n'y ſont pas.

Que l'eſtat où le peché nous a reduit eſt digne de compaſſion ! tantoſt nous ſommes entraînez par le mal viſible, tantoſt nous ſommes ſeduits par le bien apparent, & preſque toûjours nous ſommes le joüet, ou de noſtre foibleſſe, ou de nos erreurs. L'amour propre préoccupe ſi fort l'eſprit de l'Homme, qu'il luy oſte le diſcernement du bien & du mal, & il l'aveugle de telle ſorte dans les choſes qui le regardent, que lors qu'un chemin luy paroiſt agreable, il ne peut plus diſcerner s'il eſt perilleux, & il n'en connoiſt le danger que lors qu'il eſt tombé dans le précipice. C'eſt ainſi que dans l'affaire du ſalut, la plus importante de toutes, non ſeulement il agit comme s'il avoit trouvé un troiſiéme chemin, qui ſans eſtre ſi étroit, pût le conduire à la vie; & qu'indolent ſur un bonheur ou ſur un malheur éternel, il ſuit la multitude qui marche dans la Voye large, ſans penſer auquel des deux termes la voye qu'il ſuit aboutira : Mais de plus, c'eſt qu'il ne fait pas attention à cette troiſiéme verité, plus formidable que les deux premieres, que pluſieurs croyent eſtre dans une route qui les conduira au ſalut, qui neanmoins les mene indubitablement à la perdition.

1°. Ecoûtons le Sage là-deſſus, *eſt via quæ videtur homini recta, & noviſſima ejus ducunt ad mortem :* Il y a une Voye qui paroiſt droite à l'homme, dont la fin neanmoins conduit à la mort. Cet Oracle repeté en deux endroits de l'Ecriture, a toûjours fait trembler les plus juſtes. En effet, le Saint Eſprit parle icy d'une Voye qui paroiſt droite, non ſeulement aux yeux du monde, mais de plus aux yeux meſme de ceux qui la ſuivent. Les Juſtes, dit ſaint Gregoire, expliquant ce paſſage ne craignent pas ſeulement leurs pechez, ils ſe défient encore de leurs bonnes œuvres : *Unde ſancti Viri cùm mala ſuperant, ſua etiam benè geſta formidant.* Ils ont peur que le bien qui paroiſt ne ſoit que ſuperficiel, & que la lueur exterieure de leurs vertus, ne cache la noirceur d'une complaiſance ſecrette : *Ne cùm bona agere appetunt, de actionis imagine fallantur ; ne tabes putredinis ſub boni ſpecie lateat coloris.* Ils conſiderent que pendant cette vie où le corps appeſantit l'ame, ils ont peu de lumiere pour bien diſcerner ce qui ſe paſſe en eux : *Sciunt enim quia corruptionis adhuc pondere gravati dijudicare bona ſubtiliter neſciunt.* Etonnez de cette ſentence du Sage, qu'il y a une Voye qui paroiſt droite à l'homme, laquelle cependant conduit à la mort, ils tremblent que ce qu'ils approuvent en eux comme un bien, ne ſoit rejetté comme un mal par ce ſouverain Juge, qui voit les choſes, non comme elles paroiſſent, mais comme elles ſont : *Cùm ante oculos extremi examinis deducunt.* De façon qu'ils vivent, & deſireux de s'avancer dans la vertu, & incertains s'ils ſuivent le chemin qui conduit à la vie : *De incertitudine operum trepidi, quò gradiuntur ignorant.* En effet, ce n'eſt point par les lumieres naturelles de l'esprit de l'homme, qu'il doit prétendre découvrir la veritable Voye qu'il faut tenir pour arriver au bonheur, mais par celles de la Grace, sans laquelle ce qui paroist le plus juste & le plus sûr aux yeux des hommes, conduira à une fin déplorable: L'insensé, au contraire, est toûjours sage à ses propres yeux; & quand il s'égare davantage dans sa conduite, c'est alors qu'il la croit la plus juste & la plus raisonnable, & qu'il est plus satisfait de luy-mesme; *via stulto recta in oculis ejus*, dit encore l'Ecriture: Mais pour le Sage, il se défie de ses propres lumieres, lors mesme qu'elles sont éclatantes aux yeux des autres; il prend les conseils de ceux que les siens pourroient conduire, & il soumet aisément ses pensées au jugement des personnes qui devroient se regler sur ses sentimens. *Qui autem sapiens est audit consilia.* D'où il s'ensuit que ce qui rend ses paroles si judicieuses & si pleines de bon sens, est plûtost l'effet de la justice & de la droiture des sentimens de son cœur, que la production des lumieres de son esprit: *Cor sapientis erudiet os ejus.*

2°. Jesus-Christ nous enseigne cette étonnante verité d'une maniere encore plus forte & plus expresse. Efforcez-vous, nous dit-il, d'entrer par cette porte étroite qui conduit à la vie: car lorsqu'une fois la porte en sera fermée, que le temps de cette vie sera passé, vous aurez beau frapper, on ne vous ouvrira pas: & pour lors vous commencerez à dire: Seigneur, nous avons mangé devant vous, nous avons bû devant vous, & vous avez enseigné en nos places publiques: *Man-*

ducavimus coram te, & bibimus, & in plateis noſtris docuiſti : & le pere de famille vous répondra : Je ne ſçay d'où vous eſtes, retirez-vous de moy, ouvriers d'iniquité : *& dicet vobis : neſcio vos unde ſitis, diſcedite à me omnes operarii iniquitatis ;* ce recit eſt d'une telle conſequence, qu'il merite toute noſtre attention. En effet, nous voyons en la perſonne de ces ſortes de Réprouvez dont il eſt icy parlé, des gens qui croyent avoir ſuivy le bon chemin, & qui cependant, ô étrange malheur ! s'en ſont écartez par le plus déplorable des aveuglemens : ouvrez-nous la porte, diſent-ils au Pere de famille, comme ſi l'heritage celeſte leur eſtoit tout acquis : *Domine aperi nobis.* Faites-nous aſſeoir à voſtre table dans le Ciel, puiſque vous vous eſtes aſſis à la noſtre ſur la Terre : *Coram te manducavimus & bibimus.* Recevez-nous dans cette celeſte Jeruſalem, puiſque nous vous avons reçû dans noſtre Cité terreſtre : *In plateis noſtris docuiſti.* Quel coup de foudre pour eux, quand ils entendront cette parole qui glacera pour jamais leur cœur : Je ne vous connois point : *Amen dico vobis, neſcio vos.* Telle ſera la ſurpriſe de bien des Chrêtiens.

Cet homme d'affaire devenu riche en ſi peu de temps, ſous ombre qu'il s'eſt retiré des embarras du grand monde, qu'il met quelque ordre à ſa vie, qu'il fait quelques aumônes, qu'il s'adonne aux exercices ordinaires de pieté ; croit qu'il eſt en voye de ſalut : & qu'il peut tout eſperer de la bonté Divine. Mais helas ! quel ſera ſon étonnement, quand un nombre infiny de miſerables s'éleveront contre luy au Tribunal du juste Juge, & l'accableront de leurs reproches? Car, combien n'a-t-il pas fait de malheureux pour se procurer le bonheur temporel dont il joüit? A-t-il pû d'une extrême pauvreté, parvenir à tant de richesses, sans blesser la justice, la charité, la religion, & sa conscience? Aux dépens de combien de veuves & d'orphelins n'a-t-il pas acquis les biens immenses qu'il possede? Que d'extorsions, d'usures, de gains illegitimes, & souvent mesme énormes, dans le maniement des deniers publics, pour en venir là? Ses maisons, ses meubles somptueux, ses terres, ses contrats, ses dignitez, sa table, ses sommes d'or & d'argent mises en reserve; toutes ces choses dont ses mains sont comme encore remplies & soüillées, *qui operamini iniquitatem*, expression qui regarde le present, dit saint Jerôme: *Non dicit qui operati estis, sed qui operamini*, ne montrent-elles pas visiblement qu'il est un vray ouvrier d'iniquité? *Discedite à me omnes operarii iniquitatis.*

Ce Seigneur ambitieux jusqu'à l'excés, parce qu'il croit ne faire tort à personne, qu'il n'est ny homicide, ny blasphemateur, ny impie, & qu'il vit en homme d'honneur, se figure avoir remply tous les devoirs de sa religion, quoy qu'il ne songe continuellement qu'à avancer sa fortune, à s'élever aux premieres dignitez, & à se procurer une gloire humaine, sans jamais songer à la gloire éternelle. En quel abîme d'humiliation ne tombera-t-il pas, lors que rejetté par les Ministres de la Justice divine, il apprendra trop tard, que celuy qui a chassé du Ciel les Anges orgueilleux, n'y recevra jamais les hommes superbes, & qu'il entendra ces paroles : *confundimini* [illegible]?

Cet homme vindicatif, parce qu'il salüe exterieurement son ennemy, & qu'il luy donne quelque marque de civilité, se persuade avoir remply les devoirs de la charité chrestienne, & le precepte du pardon des injures, quoy qu'il soit plein au dedans de luy-mesme de ressentiment, de haine, & de rancune; combien sera-t-il surpris quand on luy dira, qu'on ne luy remet pas les offenses qu'il a commises contre Dieu, parce qu'il n'a pas remis de cœur les offenses qu'on a commises contre luy : *Si non remiseritis de cordibus vestris.*

Cet homme riche qui thesaurise sans cesse pour la Terre, & presque jamais pour le Ciel, à cause qu'il ne prend pas le bien d'autruy, qu'il n'est ny voleur ny concussionaire, & qu'il cache son avarice sous le nom d'une prudente économie, se flatte de marcher dans la bonne Voye : Quel sera son étonnement, quand on luy dira que les avares ne possederont point le Royaume de Dieu, *avari regnum Dei non possidebunt?* que celuy-là est proprement avare, qui, non seulement convoite ou ravit le bien de son frere, mais qui s'attache desordonnément au sien propre, ainsi que cet insensé de l'Evangile, qui bâtissoit de plus grands greniers, *non solùm avarus est qui rapit aliena*, dit saint Augustin, *sed qui cupidè servat sua.* Et qu'enfin ceux qui sont durs envers les Pauvres ne peuvent attendre que le sort du mauvais riche : *Mortuus est dives & sepultus est in inferno.*

Cette femme mondaine, à cause qu'elle ne tombe pas dans des crimes grossiers, & qu'elle remplit quelques devoirs superficiels de la religion, n'est allarmée d'aucun doute ſur l'affaire de ſon ſalut, quoy qu'elle paſſe preſque toute ſa vie dans la molleſſe, l'oiſiveté, la pareſſe, le jeu, la promenade, les divertiſſemens; qu'elle ne s'occupe que du luxe des habits, des ameublemens, des équipages, & de toutes ſortes de vanitez; que ſes omiſſions ſoient ſans nombre, & ſes devoirs les plus eſſentiels negligez; qu'elle ſoit dans la tiedeur, & dans le dégoût des choſes ſaintes; qu'elle ignore les plus importantes veritez de la Religion: & encore plus, ce que c'eſt que de crucifier ſa chair, de renoncer à ſes convoitiſes, & à elle-meſme, au monde & à ſes pompes; de faire penitence, & de pratiquer les bonnes œuvres, le Jeûne, l'Aumône, & la Priere; elle vit cependant ſans ſcrupule, ne voyant pas qu'encore que chacune de ſes actions priſe en particulier & ſeparément, ne ſoit peut-eſtre pas un grand crime: Cependant toutes unies enſemble, forment une vie tout à fait anti-chreſtienne, & entierement oppoſée à l'Evangile. A quelle deſolation ne ſera-t-elle pas reduite, lors qu'on commandera qu'avec ſa fauſſe devotion, & ſon impieté veritable, elle ſoit precipitée comme une autre Jezabel, fardée & parée de tous les ornemens de la vanité, *præcipitate eam deorſum.* Cependant ces gens-là ne ſe regardent point comme eſtant en la diſgrace de Dieu, ils n'ont nul doute là-deſſus; ils écoûtent avec confiance les promeſſes faites aux Juſtes, & les paroles de verité dont les Fidelles ſe nourriſſent: *docuiſti in plateis noſtris:* Ils ſe croyent en eſtat de s'aſſeoir à la table, & de boire au Calice du Seigneur. *Manducavimus & bibimus coram te:* Ils ne doutent point qu'on ne leur ouvre la porte du Ciel : *Domine aperi nobis :* & neanmoins on les rejette comme des ouvriers d'iniquité, *diſcedite à me omnes operarii iniquitatis ;* car on ne parle pas icy des Impies qui ne ſe repaiſſent que du pain de menſonge, & qui ſe rendent participans de la table, & de la coupe des demons, ainſi que s'exprime l'Apoſtre : on parle de ceux qui ne ſe croyent pas hors la Voye du ſalut, & qui neanmoins ſont dans la Voye large. Tel fut le Phariſien, qui, tout enflé de ſes bonnes œuvres, fut mis au deſſous du Publicain, & des autres qu'il regardoit comme des Adulteres, des Injuſtes, & des Raviſſeurs du bien d'autruy : La raiſon d'une erreur ſi déplorable vient de ce que ceux qui ne ſont pas ſujets aux vices charnels, ſe croyent de grands Saints, quoy que cependant ils ſoient corrompus par les vices ſpirituels également, & peut-eſtre plus pernicieux que les vices charnels : En effet, ſi nous liſons que les Luxurieux, les Gourmans, les Yvrognes, les Meurtriers, ne poſſederont jamais le Royaume de Dieu, ne liſons-nous pas auſſi que les Orgueilleux, les Envieux, les Incredules, les Impies, les Vindicatifs, les Mediſans, les Ambitieux, les Superbes, les Arrogans en ſeront exclus ? Si le mauvais Riche intemperant & amateur de la bonne chere, eſt condamné au Tribunal du ſouverain Juge, le Phariſien abſtinent qui jeûne deux fois la ſemaine, ne l'eſt-il pas auſſi ? Si les Fornicateurs ſont jettez aux flâmes éternelles, pluſieurs Vierges n'auront-elles pas le meſme ſort ? Si les Immiſericordieux ſont condamnez au dernier jour, les Hypocrites qui font l'aumône par vanité, ne ſubiront-ils pas la mesme condamnation ? de ces exemples, & d'autres semblables qui sont frequens dans l'Ecriture, ne s'ensuit il pas visiblement que les pechez spirituels perdent aussi bien les hommes que les pechez charnels ?

3°. Mais que les Ministres du Seigneur n'aillent point insulter icy aux simples Fidelles, comme s'ils estoient exempts de cette illusion, & que les Laïques en fussent seuls capables, & non pas eux, voicy ce qui les concerne, & qui doit les faire trembler à leur tour : Plusieurs me diront en ce jour-là, *multi dicent in illa die*, dit le Sauveur : Seigneur, Seigneur, n'avons-nous pas prophetisé en vostre nom ? *Nonne in nomine tuo prophetavimus ?* N'avons-nous pas chassé les demons en vostre nom ? *& in nomine tuo dæmonia ejecimus ?* N'avons-nous pas operé plusieurs miracles en vostre nom ? *& in nomine tuo virtutes multas fecimus ?* Et pour lors je leur diray hautement : Je ne vous ay jamais connu : *quia nunquam novi vos :* Retirez-vous de moy, vous tous qui faites l'iniquité : *discedite à me qui operamini iniquitatem.* Il est constant que ces paroles s'adressent particulierement, & mesme uniquement, aux Ministres sacrez qui s'imaginent estre dans le chemin du salut, & qui malgré cette assurance présompteuse, se trompent, & marchent dans la voye de la perdition. Mais il faut les détromper de cette vaine confiance en leurs dons, dit saint Chrysostome.

Premierement, vous avez prophetisé, dites-vous ; c'est à dire, que vous avez presché, non en Orateurs vulgaires, mais en Prophetes ; avec un concours de

Peuples

Peuples, & un applaudissement universel: Mais vous n'avez cherché en cela que vostre propre gloire, & non celle de Dieu; ce qui n'a fait qu'augmenter le sujet de vostre condamnation. *Quia non Dei gloriam, sed proprios favores quærunt*, dit saint Gregoire sur ce passage, *fitque eis amplitudo muneris, incrementum damnationis.* Vous avez brigué les grandes Chaires, les nombreux Auditoires, d'estre écoûtez & admirez des Magistrats, des Princes, & des Roys; vous vous estes enyvrez de leur estime, de leurs loüanges, & de leurs honneurs; vous avez aimé leurs visites, leurs tables, leurs conversations, leur societé, & d'estre regardez dans le public comme des personnages extraordinaires; vous avez recherché les premieres places dans les Assemblées, & d'y estre écoûtez comme des Oracles, *amant enim primas cathedras in Synagogis, primos recubitus in cœnis, & salutationes in foro, & vocari ab hominibus Rabbi.* Vrays Pharisiens de la Loy nouvelle; vous avez eu dans le secret de vostre cœur, des vûës interessées, & des desirs ambitieux de parvenir aux dignitez, & aux grands employs, ausquels vos talens n'ont servy qu'à vous faire aspirer, & qu'à vous élever. Car c'est l'usage que vous en avez fait. Vous avez mesme chassé les demons par l'administration des Sacremens, & fait des merveilles dans l'Eglise: *dæmonia ejecimus, & virtutes multas fecimus:* Mais vous vous en estes attribué la gloire: De plus, vous avez peut-estre esté des Prophetes, mais de faux Prophetes; c'est à dire, comme l'entend saint Gregoire, des Heretiques & des Novateurs, dont l'éloquence & la vaine ostentation de science, n'a esté bonne qu'à autoriser le mensonge. *Nonnunquam hæretici signa & miracula faciunt, sed ut recipiant laudes quas quærunt:* Vous n'avez pas fait ce que vous avez dit : *dicunt & non faciunt:* Semblables à ces piliers mis aux carefours des grands chemins, vous avez appris aux autres la route qu'il falloit prendre, & vous estes demeurez immobiles: *milliaria lapidea*, dit saint Augustin, *litteris plena, viam docentia, & non ambulantia:* Vous avez presché une morale severe, & vous ne l'avez pas pratiquée : *imponunt onera importabilia, & digito nolunt ea movere.* Semblables encore à ces figures que le Prophete Ezechiel vid en une vision mysterieuse, qui portoient sur leur front des palmes en peinture, vous avez eu l'apparence de la vertu la plus éclatante, & vous n'en avez pas eu la realité, *nec dum palmæ sunt, sed pictura palmarum, nam hæc aliquando dantur reprobis*, continuë saint Gregoire : Malgré tout cela ces Ministres aveuglez se regardent comme s'ils estoient des amis du Seigneur, ajoûte saint Chrysostome, *nunc quidem se esse amicos meos putant.* Ils s'étonnent de ce qu'on hesite à leur ouvrir la porte du Paradis. *Quasi stupentes dicent : quid sibi vult novus iste finis?* Ils insistent mesme, & redoublent leurs prieres : Seigneur, Seigneur, disent-ils : *Domine, Domine :* C'est nous, ouvrez-nous la porte : Mais helas ! quel étrange réponse à laquelle ils estoient bien éloignez de s'attendre : *nec à nobis aliquando prævisus:* Retirez-vous de moy, ouvriers d'iniquité, dira le juste Juge; je ne vous ay jamais connus, *nunquam novi vos*, non seulement je ne vous reconnois pas à present pour miens dans ce grand jour du Jugement, dans ce jour terrible, ce jour où il s'agit d'entrer dans le bonheur ou le malheur éternel, ce jour décisif de tous les autres jours, ce jour qui n'a ny matin, ny soir: *dies ille nescit ortum, nescit occasum: illi diei non succedit craſtinus, quia non præcedit eum heſternus*, dit ſaint Auguſtin: ce jour auquel les œuvres parleront, & auquel les bouches ſe tairont, dit ſaint Chryſoſtome, *quando ſingulorum opera loquentur, & ora tacebunt:* Mais je ne vous ay pas meſme connu lors que vous faiſiez tant de prétenduës merveilles, *ſed ne quidem quando vos faciebatis ſigna mirabilia*, obſerve ſaint Chryſoſtome: & qui ſont ceux qui ſont ainſi traitez? ce ſont des Miniſtres du Seigneur, qui croyent avoir marché dans la bonne voye, & avoir appris aux autres à y marcher; & ce n'en eſt pas un ſeul ainſi trompé, ce ſont pluſieurs qui donnent dans cet égarement: & pluſieurs d'entre ceux qui paſſent dans leur eſprit, & dans l'eſprit des autres, pour des ouvriers Apoſtoliques, qui ſont cependant rejettez, comme des ouvriers d'iniquité: *multi dicent mihi in illa die:* Ils ont fait connoiſtre le Seigneur, & le Seigneur ne les connoiſſoit pas. Quelle plus étonnante verité?

Mais ſi de tels Miniſtres qui exercent leurs fonctions avec tant de ſuccés, qui preſchent, qui chaſſent les demons, qui operent tant de merveilles, qui ſe croyent, & qu'on croit dans la bonne voye, ſont neanmoins exclus de la gloire; que ſera-ce des Miniſtres indignes qui s'ingerent dans le Sacerdoce, ſans autre vocation qu'une deſtination humaine de leurs parens, ou qui n'y entrent que pouſſez par leur propre ambition? qui n'y cherchent qu'un établiſſement temporel, que les richeſſes, les honneurs, la vie douce & commode, ou plûtoſt ſenſuelle & voluptueuſe, la grandeur & l'éclat? qui n'en exercent preſque jamais aucune fonction penible & laborieuſe, de qui la vie eſt toute prophane & ſeculiere, & qui cependant par un aveuglement inconcevable, ne laiſſent pas de ſe perſuader encore qu'ils ne marchent point dans une mauvaiſe voye?

4°. Enfin l'Evangile nous propoſe une Parabole qui doit exciter une nouvelle crainte en nos cœurs. En effet, quel eſt celuy qui ne tremblera pas, conſiderant que de dix Vierges, c'eſt à dire, qu'entre toutes les perſonnes les plus vertüeuſes, qui ſont l'honneur de l'Egliſe, qui ſont la plus illuſtre portion du troupeau de Jeſus-Chriſt, qui ont ſurmonté le plus dangereux, & le plus redoutable ennemy du ſalut, qui font profeſſion de la plus haute perfection, & par conſequent qui ſemblent plus que tous les autres, marcher par la Voye étroïte, ſe trouvent cependant dans la Voye qui conduit à la mort, & non ſeulement quelques-unes d'elles, ce qui ſeroit encore beaucoup; mais de plus, la moitié d'entre-elles, avec leur pretenduë virginité, ſont renvoyées avec les Adulteres & les Fornicateurs, dit ſaint Chryſoſtome, *cum fornicatoribus ejici?* Je rougis de honte, continuë ce Saint; & je ſuis couvert de confuſion pour l'Egliſe, quand je fais attention à un malheur ſi déplorable? Que ſert de ſurmonter la luxure, la gourmandiſe, & les autres inclinations charnelles qui nous ſont communes avec les beſtes; ſi l'on ſe laiſſe vaincre à l'orgueil, à l'envie, à la pareſſe, à la tiedeur, au mépris du prochain, au dégoût de Dieu & des choſes ſaintes, & aux autres vices ſpirituels qui nous ſont communs avec les demons? Qu'importe qu'on periſſe par un endroit, ou par un autre, ſi aprés tout on perit enfin, ajoûte ailleurs ſaint Chryſoſtome? *Non ergo conſolationem hinc accipias, quòd non omnibus modis pereas, ſed acerbè lugeas, quòd uno aliquo quocumque tandem modo pereas.*

Que ſi cette Parabole s'entend des Vierges conſacrées à Dieu dans les Monaſteres, ainſi que quelques-uns l'entendoient autrefois, au rapport de ſaint Auguſtin, *quas etiam uſitatiori vocabulo ſanctimoniales appellare conſuevimus*: Quel nouveau ſujet d'étonnement pour elles? Vous vous flattez de cette penſée, ô Vierges veritablement imprudentes, puiſqu'ayant ſurmonté le plus difficile, vous vous laiſſez ſurmonter par le plus aiſé, dit ſaint Chryſoſtome, *idcirco & fatuas appellavit, quoniam difficilioribus ſuperatis, faciliora perdiderunt*: Vous vous flattez, que vous eſtes dans le chemin étroit, parce que vous vous eſtes renfermées dans une Cloſture exterieure: Mais que ſert d'avoir reſſerré voſtre corps hors du monde, ſi voſtre eſprit s'en va dans le monde, ou ſi le monde vient dans voſtre eſprit? Si le monde vous attire au dehors par ſes paroles, ou ſi vous attirez le monde au dedans par vos penſées? Si le monde s'occupe de vos Lettres, de vos deſſeins, de vos intereſts, ou ſi vous vous occupez des avantures, des nouvelles, des intrigues du monde? Si vous eſtes encore dans la maiſon paternelle par voſtre attachement, ou si vostre famille est encore dans vôtre cœur par vostre affection ? Quelle misere ! le monde est mort pour vous, & le monde n'est pas mort en vous !

Que sert d'avoir professé une rigide pauvreté, si vous exercez tous les actes d'une vraye proprieté, de desirer, de demander, de recevoir, de garder, de donner ? Vous renoncez à tout, & vous ne manquez de rien : Vous voulez avoir tout à la fois l'honneur de la pauvreté, & la commodité des richesses. A quoy bon voüer une étroite obéïssance à la Regle, & recourir sans cesse sous de vains pretextes, aux Permissions, aux Dispenses, aux Interpretations, aux Condescendances, & de vous faire tout accorder, parce qu'on craint de vous revolter ? N'est-ce pas se faire une Voye large, au milieu mesme de la Voye étroite que vous croyez suivre ? N'est-ce pas avoir l'adresse de faire toutes vos volontez, sans vous gêner jamais en rien, & vous glorifier cependant de vivre sous les loix d'une exacte obéïssance ?

Que sert d'avoir promis la chasteté, si, comme les Vierges folles, vous allez hors la Maison de l'Epoux, acheter au prix de vostre foy voüée, un feu étranger & profane, qui ne sera point reçû dans ce Sanctuaire ? Si vous flattez vos sens par des objets qui leur plaisent, & qui les corrompent ? C'est mesme la raison, selon S. Augustin, pour laquelle l'Evangile attache ce nombre de cinq à la Virginité ; c'est à dire, pour nous apprendre que cette vertu Angelique doit exclure tout plaisir sensuel : *Videntur itaque mihi quinque Virgines si-*

gnificare quinquepartitam continentiam à carnis illecebris ; continendus eſt enim animi appetitus à voluptate oculorum, à voluptate aurium, à voluptate olfaciendi, guſtandi, tangendi.

Saint Auguſtin s'accuſe d'avoir avec plaiſir, arreſté ſes yeux ſur un chien qui couroit aprés un liévre, *canem currentem poſt leporem :* & quoy qu'il ſe fût bien-toſt relevé de cette legereté, il ne ſe la pardonne point, diſant qu'autre choſe eſt de ſe relever promptement, & autre choſe de ne tomber point, *aliud eſt citò ſurgere, aliud eſt non cadere.* Saint Athanaſe, au rapport de ce meſme Pere, craignoit ſi fort de flatter ſon ouye, par la douceur de la muſique, qu'à peine ſouffroit-il qu'on chantât un peu melodieuſement les Pſeaumes dans ſon Egliſe ; *Qui tam modico flexu vocis faciebat ſonare lectorem Pſalmi, ut pronuntianti vicinior eſſet quam canenti.* Saint Arſene, auſſi celebre par ſes rares qualitez dans la Cour des Empereurs, que par ſes grandes vertus dans les Deſerts, tenoit dans ſa Cellule un vaſe plein d'une eau puante qui exhaloit une odeur tres-infecte, *ut peſſimo fœtore tota cellula repleretur* ; afin, diſoit-il, de mortifier ſon odorat qu'il avoit trop flatté dans le monde par les bonnes odeurs, *propter thymiamata diverſa quibus in ſæculo fruebar.* Saint Jerôme aſſure que les Solitaires de ſon temps, quoy que tout attenuez par la faim & par la ſoif, regardoient comme une eſpece de plaiſir luxurieux de ſatisfaire leurs gouſts, mangeant quelque aliment cuit, ou buvant de l'eau fraîche : *de cibis vero ac potu taceo, cum etiam languentes monachi vix frigidâ aquâ utantur, & coctum aliquid accepiſſe luxuria ſit.* Saint Hilarion, ſelon le meſme ſaint Jerôme, macera ſon corps toute sa vie par les rigueurs d'un âpre cilice, qu'il ne changea, ny ne lava jamais? Mortifiant ainsi le toucher par de continuelles souffrances, *nec verò saccum quo semel amictus est, umquam aut lavit, aut mutavit, cum supervacaneum esse diceret, munditias in cilicio quærere.*

Que si la Virginité, pour estre parfaite, exige une mortification si universelle des sens; & si les Vierges prudentes doivent avoir une si grande sainteté, combien leur nombre sera-t-il petit; & y a-t-il lieu de s'étonner, que de dix il n'y en ait que cinq de reçûës?

Gardons-nous bien icy de nous laisser abbattre à la pusillanimité : Il est vray que la voye qui conduit à la vie est étroite, & penible, dit saint Gregoire; mais ne pensons pas qu'elle le soit en elle-mesme, elle ne l'est que par rapport à nostre lascheté; car elle est aimable, douce, & facile à ceux qui veulent estre parfaitement à Dieu, & qui le servent avec courage: *via Dei & inchoantibus, angusta est, & perfectè viventibus lata:* Le joug du Seigneur est pesant à ceux qui le portent avec dégoût; mais il est leger à ceux qui le prennent sur eux avec amour, *onus Dei leve est postquam hoc ferre cœpimus pro amore ejus.* Cette porte donc si génante aux personnes immortifiées, si étroite & si serrée, devient large & facile aux ames ferventes, *ipsa ergo angusta porta, amantibus lata fit:* Les chemins raboteux & difficiles deviennent applanis & commodes, *ipsæ viæ duræ, spiritaliter currentibus molles & planæ fiunt.* Le commandement de crucifier sa chair, si dur aux amateurs d'eux-mesmes, ne l'est plus à ceux qui sont sensibles

aux

aux attraits des bontez d'un Dieu : *durus eſt ſed duris*, dit ſaint Auguſtin : & les plus grands travaux deviennent faciles, quand on regarde celuy pour qui l'on travaille, continuë ce Saint : *ubi amatur, ibi non laboratur, aut ſi laboratur, labor amatur.*

Sainte Perpetuë en priſon pour la Foy, vid en eſprit une échelle d'une grandeur ſi merveilleuſe, qu'elle touchoit le Ciel, mais bordée de raſoirs, d'épées, de haches, & de tous les autres inſtrumens des plus cruels ſupplices ; au reſte ſi étroite, qu'à peine pouvoit-on y paſſer un à un ; & il luy fut dit qu'il n'y avoit que ceux qui montoient negligemment par cette échelle, dont les chairs fuſſent déchirées par ces terribles ferremens : *ut ſi quis negligenter aut non ſurſum attendens aſcenderet, laniaretur, & carnes ejus inhærerent ferramentis.* En effet, s'il y a des peines dans les voyes de Dieu, & dans le chemin de la vertu, il y a des conſolations ; s'il y a de l'amertume, il y a de la douceur, dit le grand ſaint Auguſtin, *multi dolores, ſed multæ conſolationes, amara vulnera, ſed ſuavia medicamenta :* Lors que vous avez touché mon cœur, ô mon Dieu, diſoit le Prophete, je n'ay pas ſeulement marché, j'ay couru dans la Voye de vos Commandemens : *Viam mandatorum tuorum cucurri, cùm dilataſti cor meum :* Et il eſt infiniment plus doux de répandre des larmes dans l'Oraiſon, que de ſe livrer aux plus grands plaiſirs de ce monde : *dulciores ſunt lachrymæ orantium, quam gaudia theatrorum*, ajoûte ſaint Auguſtin : Veritez ſur leſquelles on ne tariroit point, mais qu'il eſt bon de confirmer par l'exemple ſuivant.

Du temps que ſaint Bernard édifioit l'Egliſe par

l'éclat de ses vertus, & par la grandeur de ses miracles, & que les femmes cachoient leurs marys, & les meres leurs enfans, de peur que charmez par ses Predications, ils ne voulussent quitter le monde. Un Seigneur de Flandre, nommé Arnoul, touché des discours tout celestes de ce nouvel Apostre, l'alla trouver en secret: & luy ayant ouvert son cœur, il prit resolution de renoncer aux grandeurs du siecle, & d'aller, comme il fit, embrasser la vie austere & penitente qu'on menoit dans la solitude de Clervaux: Or, comme ce nouvel Athlete de Jesus-Christ s'exerçoit dans les plus penibles combats de la vie Monastique, & qu'il estoit d'ailleurs d'une complexion fort délicate, il fut tourmenté d'une douleur d'entrailles si violente, & si frequente, qu'il en estoit souvent reduit à l'extremité. Une fois, entre autres, paroissant n'avoir plus qu'un souffle de vie, & estant privé de tout sentiment, & de l'usage de la parole, comme on desesperoit de sa santé, on luy administra l'Extrême-Onction: Mais un moment aprés revenant à luy, & reprenant la respiration, il se mit tout d'un coup à crier d'une voix qui marquoit un zele & une devotion incomparable. Ah! Seigneur Jesus-Christ, disoit-il, que tout ce que vous avez dit est veritable; que tout ce que vous avez dit est veritable, *vera sunt omnia quæ dixisti, Domine Jesu, vera sunt omnia quæ dixisti*: Et comme il repetoit souvent les mesmes paroles avec une tendre affection, ceux qui estoient presens, étonnez, & surpris de cela, s'approcherent de luy; & s'informant de l'estat où il se trouvoit, ils luy demanderent d'où vient qu'il redisoit sans cesse la mesme chose? A quoy ne repliquant rien, sinon qu'il experimentoit que tout ce que Jesus-Christ avoit dit estoit veritable, *nihil aliud respondebat, nisi quia vera sunt omnia quæ locutus est Dominus Jesus.* Les assistans luy dirent: Mais d'où vient que vous proferez continuellement cette verité que nous croyons aussi bien que vous? C'est, leur dit-il, que j'éprouve ce que Jesus-Christ a dit dans son Evangile, que si quelqu'un renonçoit à ses parens, & à ses biens, pour l'amour de luy; il recevroit le centuple en ce monde, & la vie éternelle en l'autre: Car, au milieu de mes plus vives douleurs, j'éprouve de si grandes consolations, que mes maux, avec toute leur violence, me sont plus doux, & plus agreables, que la possession de toutes les richesses, & de tous les plaisirs du monde que j'ay quitté: *ego itaque vim sermonis hujus in præsenti experior, & centuplum meum, jam nunc in hac vita recipio: adeò immensa doloris hujus acerbitas mihi sapit, adeò mihi placet, propter spem divinæ miserationis, quæ in ea reposita est mihi:* & je ne voudrois pas, ajoûta-t-il, changer mes douleurs, non seulement pour tous les biens que j'ay quittez, mais mesme pour une infinité d'autres, si on me les offroit: Que si, continuoit-il, dans un saint transport, moy qui ne suis qu'un pecheur si indigne des graces de Dieu, je me trouve remply d'une si grande force, & d'une si grande joye, malgré mesme les angoisses extrêmes où mon mal me reduit, quel bonheur ne goûtent pas les Saints, & les Hommes parfaits, quand la Providence amoureuse de Dieu permet qu'ils soient exercez par les tribulations ? Qui se plaindra donc, des rigueurs de la Voye étroite qui conduit à la vie, & qui ne dira pas avec saint Augustin, *quæ dura sunt laborantibus, mitescunt amantibus*? Qui ne voudra entrer dans le Sanctuaire celeste fait de la main de Dieu, par la Voye étroite des souffrances, aprés que nostre Pontife n'y a voulu luy-mesme entrer qu'au travers, non d'un voile inanimé, ainsi que l'ancien Prestre dans le Sanctuaire fait de mains d'Homme, mais au travers du voile de sa chair déchirée dans sa Passion; couvert, non du Sang d'une Victime étrangere, mais du sien propre? Doctrine toute divine, que l'Apostre nous enseigne en ces termes : *Habentes itaque, fratres, fiduciam in introitu Sanctorum in Sanguine Christi, quam initiavit nobis viam novam & viventem, per velamen, id est, carnem suam.*

Janvier 1707.

www.ingramcontent.com/pod-product-compliance
Ingram Content Group UK Ltd.
Pitfield, Milton Keynes, MK11 3LW, UK
UKHW020445180726
13839UKWH00004B/1640